RECOLLECTIONS
OF THE LIFE OF THE PRIEST
DON ANTONIO JOSÉ MARTÍNEZ

MEMORIAS
SOBRE LA VIDA DEL PRESBÍTERO
DON ANTONIO JOSÉ MARTÍNEZ

RECOLLECTIONS
OF THE LIFE OF THE PRIEST
DON ANTONIO JOSÉ MARTÍNEZ
by
Pedro Sánchez

MEMORIAS
SOBRE LA VIDA DEL PRESBÍTERO
DON ANTONIO JOSÉ MARTÍNEZ
por
Pedro Sánchez

Original Spanish Text Translated
by
Ray John de Aragón

SUNSTONE
PRESS

SANTA FE

Sunstone books may be purchased for educational, business, or sales promotional use.
For information please write: Special Markets Department, Sunstone Press,
P.O. Box 2321, Santa Fe, New Mexico 87504-2321.

Library of Congress Cataloging-in-Publication Data:

Sánchez, Pedro, b. 1831.
  [Memorias sobre la vida del presbítero Don Antonio José Martínez. English & Spanish]
Recollections of the life of the priest Don Antonio José Martínez: original Spanish text with English
translation / Pedro Sánchez; translated by Ray John de Aragón.
     p. cm.
  Originally published: Santa Fe, N.M. : Lightning Tree, c1978.
  ISBN: 0-86534-507-4 (softcover : alk. paper)
  1. Martínez, Antonio José, 1793–1867. 2. Catholic Church—Clergy—Biography.
3. Clergy—New Mexico—Biography. 4. Statesmen—New Mexico—Biography.
5. New Mexico—Biography.   I. Title.

BX4705.M412553S2713 2006
282.092—dc22
[B]

                                            2006042313

Published in

WWW.SUNSTONEPRESS.COM
SUNSTONE PRESS / POST OFFICE BOX 2321 / SANTA FE, NM 87504-2321 /USA
(505) 988-4418 / ORDERS ONLY (800) 243-5644 / FAX (505) 988-1025

ACKNOWLEDGMENTS.

I am sincerely indebted to Dr. Myra Ellen Jenkins for her careful reading of the translation, and for her astute comments and recommendations; to Dr. Ward Alan Minge, for permission to copy the daguerreotype portrait of Padre Martínez, which is from the collections of Dr. and Mrs. Ward Alan Minge; and to Dr. José R. López-Gastón for generous assistance in proofreading the book.

CONTENTS:

EL CONTENIDO:

FOREWORD.

In every culture, particularly during periods of social ferment and political and economic stress, powerful personalities have emerged who—by virtue of their convictions, forcefully expressed by word and pen, and often translated into action—have influenced and helped direct the course of events.

One such leader in New Mexico throughout the turbulent mid-1800s was Antonio José Martínez, priest of Taos. For nearly half a century this dynamic, outspoken and controversial cleric was undoubtedly New Mexico's most influential native son. This era of his influence covered the entire period of sovereignty exercised by a new Mexican national government over its northern frontier; a national government struggling to find itself, only to be cut short by U.S. occupation and military control, followed by U.S. Territorial status.

Shortly after his ordination he was assigned to his own parish of Taos, where his wealthy father was one of the largest landowners. Martínez quickly gained the trust of his spiritual charges by his tireless rounds of chapels scattered throughout the Taos valley, including Indian parishioners of the venerable pueblo church of San Gerónimo.

As a Mexican patriot he realized that republican principles could never be attained by an illiterate and uninformed citizenry. Hence, he established a school and acquired the only press in the territory, on which he

PREAMBULO.

En cada cultura, particularmente entre períodos de
fermento social y politico y tensión economico, perso-
nalidades poderosos han aparecido quien—por virtud
de sus convicciónes, expresados forzosamente por palabra y pluma, y á menudo traducido en acción—han
influído y ayudado en dirigir el curso de eventos.

Un tal lider en Nuevo México entre los turbulentos
medio-1800s era Antonio José Martínez, padre de Taos.
Por cerca de medio siglo este dinámico, atrevido y
clerico controversial era sin duda el hijo de Nuevo México de más influjo. La época de su influjo cubrio el
período entero de soberanía practicada por un nuevo
gobierno Mexicano nacional luchando para desarrollar-
se, sino para ser acortado por la ocupación de los E. U.
y control militar, seguido por estado de territorio Estado Unidense.

Luego despues de su ordenación, fue asignado a
su parroquia en Taos, donde su rico padre era
uno de los hacendados mayores. Martínez pronto gano
la confianza de sus parroquianos por su incansable ministerio en las capillas por todo el valle de Taos, incluyendo a los parroquianos Indios de la venerable iglesia
pueblo de San Gerónimo.

Como un patriota Mexicano el realizo que los princi-
pales republicanos nunca podrian ser conseguidos por
ciudadanos ignorantes e incultos. De aquí, el establecio
una escuela y adquirio la única prensa en el territorio,

11

printed his teaching materials. He also used the press to make known his positions on public issues to authorities in Santa Fé and even to the President of Mexico. Nor did he hesitate to use his ecclesiastical position, his political influence and the power of his pen and press to do battle with the *extranjeros,* those Anglo and French-Canadian traders who attempted to secure a virtual monopoly over the economic life of the region.

Despite the forced change of national allegiance from Mexico to the United States in 1846, he continued to be elected by his faithful constituents to legislative bodies and to champion matters of social concern. His espousal of traditional Hispanic church practices in opposition to the mandate of a French-born bishop ended in excommunication.

Antonio José Martínez has rightfully earned his position as New Mexico's 19th century folk hero. This is his life story, written in his native tongue by one of his most devoted followers and faithfully translated into English by Ray John de Aragón, so that it loses none of its original flavor. It is not an objective biography, but it is Pedro Sánchez' narration of factual information in the Padre's life within the author's own personal *Memorias* of the great New Mexican.

MYRA ELLEN JENKINS
New Mexico State Records
Center and Archives

en la cual el imprimio sus materiales de instrucción. Tambien uso la prensa para revelar sus posiciones en asuntos públicos a las autoridades en Santa Fé y hasta al presidente de México. Ni tardo en usar su posición eclesiástica, su influjo politico y el poder de su pluma y prensa para combatir con los extranjeros, esos comerciantes Anglo y Frances-Canadiense que atentaban asegurar un monopolio virtual sobre la vida economica de la región.

A pesar del cambio forzado de lealtad nacional de México a la de los Estados Unidos en 1846, el continuo a ser elegido por sus votantes fieles a los cuerpos legislativos y ser defensor de asuntos de importancia social. Su desposorio de costumbres eclesiásticos por tradición Hispanicas en oposición al mandato del obispo Frances terminó con su excomunión.

Antonio José Martínez justamente ha ganado su posición de héroe popular del siglo 19 de Nuevo México. Esta es la historia de su vida, escrita en su idioma nativa por uno de sus discípulos más dedicados y fielmente traducido al Inglés por Ray John de Aragón, y no pierde nada de su sabor original. No es una biografía objetiva, pero es la narración de Pedro Sánchez de información actual en la vida del Padre entre las *Memorias* propias del autor sobre un gran Nuevomexicano.

Myra Ellen Jenkins
Centro de Registros y Archivos
Estatales de Nuevo México

TRANSLATOR'S PREFACE.

Few men in the history of New Mexico, with the possible exception of Bishop Jean Baptiste Lamy, have been the subject of as much romance and controversy as Antonio José Martínez. Since his death in 1867, neither the controversy nor the romance have diminished; if anything, both are stronger now than they were during his life.

Eminent writers as far apart in their outlook as Willa Cather (*Death Comes for the Archbishop*), Paul Horgan (*Lamy of Santa Fe*), Maxwell Anderson (*Night Over Taos*), Harvey Fergusson (*Rio Grande*), Erna Fergusson (*New Mexico—A Pageant of Three Peoples*), Oliver La Farge (*Santa Fe—The Autobiography of a Southwestern Town*), and Benjamin Read (*Guerra México-Americana*), have made him a subject in their novels, histories or plays.

Pedro Sánchez' *Memorias Sobre la Vida del Presbítero Don Antonio José Martínez* is a unique biography— unique for what it tells us and what it does not. As a student of Padre Martínez, Sánchez knew him first hand. But his *Memorias* is based, as he himself says, on recollections, and as such are subject to the whims of memory and the inherent biases of a student and admirer.

After studying the life of Padre Martínez for many years, I feel that there are many problems still unresolved with producing an accurate portrait of his career. Often Pedro Sánchez complicates rather than ex-

14

PREFACIO DEL TRADUCTOR.

Pocas personas en la historia de Nuevo México, con la posible excepción de Obispo Jean Baptiste Lamy, han sido el sujeto de tanta romance y controversia como Antonio José Martínez. Desde su muerte en 1867, ni la controversia o la romance ha disminuido; si algo, las dos son mas ardientes ahora que en su vida.

Escritores eminentes tan apartes en sus perspectivas como Willa Cather (*Death Comes for the Archbishop*), Paul Horgan (*Lamy of Santa Fe*), Maxwell Anderson (*Night Over Taos*), Harvey Fergusson (*Rio Grande*), Erna Fergusson (*New Mexico—A Pageant of Three Peoples*), Oliver La Farge (*Santa Fe—The Autobiography of a Southwestern Town*), y Benjamin Read (*Guerra México-Americana*), lo han hecho un sujeto en sus novelas, historias o dramas.

Pedro Sánchez *Memorias Sobre la Vida del Presbítero Don Antonio José Martínez* es una biografía singular —singular por lo que nos dice y por lo que no nos dice. Como discípulo del Padre Martínez, Sánchez lo conocio directamente. Pero sus *Memorias* son basadas, como él mismo dice, en recuerdos, y como tal son a condición de caprichos de memoria y los prejuicios inherentes de un alumno y admirador.

Después de estudiar la vida del Padre Martínez por muchos años, siento que hay muchas problemas todavía sin resolverse para producir un retrato exacto de su carrera. Pedro Sánchez frecuentemente complica en vez

15

plains these discrepancies.

Readers of the original Spanish and this translation will be disconcerted to find that Sánchez completely ignores any reference to the intense conflict between Padre Martínez and Bishop Lamy over the affair of ecclesiastical tithing in New Mexico, which resulted in Lamy's excommunicating the Padre. For Pedro Sánchez, the terrible incident simply did not occur.

Sánchez is an ornate writer, given to lengthy (sometimes confusing) discourse. In this translation I have attempted to preserve the character of the original, although at times it has been necessary to make minor departures from the Spanish text for the sake of clarity. From time to time the biographer gives erroneous dates and inaccurate factual material. Where these have been determined, footnotes carry the correct information.

Chapters XII and XIII of the *Memorias* have been omitted from this translation, the former because it in itself is a translation from English (from *The Illustrated History of New Mexico*), and the latter because it did not seem germane to the biography.

Looking for a folk hero, we discover that Don Antonio José Martínez, father, priest, educator, legislator, is also a man—a man of unusual integrity for his time and place, both intellectually and morally. This is not to say that, in all of these varied roles, he was without fault.

Perhaps one of the best ways to understand the human and ethical foundations of his life is to examine his mind in relation to the main events of his life. I believe that there are two works which help us to do this. One is his own, *Apología del Presbítero Antonio J. Mar-*

de explicar estas discrepancias.

Lectores del Español original y de esta traducción quedarán desconcertados con descubrir que Sánchez completamente ignora cualquiera referencia al conflicto intenso entre Padre Martínez y Obispo Lamy sobre el asunto de diezmos eclesiásticos en Nuevo México, que resulto en la excomunión del Padre por Lamy. Para Pedro Sánchez, el incidente terrible simplemente no ocurrio.

Sánchez es un escritor ornado, dado a muy largo (a veces confundiendo) discurso. En esta traducción he tratado de preservar el carácter del original, aunque a veces ha sido necesario hacer partidas menores del texto Español por razón de claridad. De tiempo a tiempo el biógrafo da fechas erróneas y material actual inexacto. Donde esto ha sido determinado, notas llevan la información correcta.

Capítulos XII y XIII de las *Memorias* han sido omitidos de esta traducción, el anterior porque es en si mismo una traducción del Inglés (del *The Illustrated History of New Mexico*), y el último porque no parece relacionado a la biografía.

Buscando un héroe folklórico, discubremos que Don Antonio José Martínez, padre, presbítero, educador, legislador, es también un hombre—un hombre de integridad extraordinaria por su tiempo y lugar, a la vez intelectualmente y moralmente. Esto no es decir que, en todos estos papeles variados, el era sin falta.

Puede ser que unas de las mejores maneras para entender el fundamento humano y ético de su vida, es en examinar su mente en relación con los eventos mayores

tínez, and the other is Sánchez' *Memorias.* Each reader, each admirer and student, must form his own judgments about this remarkable man. I hope that my translation will help in the process.

RAY JOHN DE ARAGON
Las Vegas, New Mexico
February, 1978

de su vida. Yo creo que hay dos obras que nos ayudan para hacer esto. Una es su propia, *Apología del Presbítero Antonio J. Martínez,* y la otra es Sánchez *Memorias.* Cada lector, admirador y estudiante, tendrá que formar sus discernimientos sobre este notable hombre. Ojalá que mi traducción ayudará en este proceso.

RAY JOHN DE ARAGON
Las Vegas, Nuevo México
Febrero, 1978

Chosen by Padre Martínez to describe his life.

[Eccles. 9: 11]

Verti me ad aliud, & vidi sub sole, nec velocium esse cursum, nec fortium bellum, nec sapientium panem, nec doctorum divitias, nec artificum gratiam; sed tempus, casumque in omnibus.

(I returned, and saw under the sun, that the race is not to the swift, nor the battle to the strong, neither yet bread to the wise, nor yet riches to men of understanding, nor yet favour to men of skill; but time and chance happeneth to them all.)

Volví y ví bajo del sol, que la carrera no es para los rápidos, ni la batalla para los fuertes, ni también pan para los sabios, ni riquezas para hombres de entendimiento, ni aún favor a hombres de habilidad; sino tiempo y suerte les pasa a todos.

Memorias Sobre La Vida Del Presbítero
DON ANTONIO JOSE MARTINEZ

———

Recollections Of The Life Of The Priest
DON ANTONIO JOSE MARTINEZ

PROLOGUE.

The following pages present a narrative about the life of the priest, Don Antonio José Martínez, native of Taos, Territory of New Mexico. The narrative is brief, superficial and incomplete. The author would have gladly undertaken a detailed history although knowing well what a great responsibility such an undertaking would necessarily comprise. This is not due to a desire to acquire fame, but because he has always held in his heart tender memories of admiration and love for the deceased Padre Martínez, inspired particularly because he really and truthfully believes that his life was very precious, his deeds were very beneficent, crisscrossing his whole worldly career with a public spirit so pronounced that it influenced all his actions for the benefit of his fellowman.

The author, having known and dealt with Padre Martínez during his life; having gotten close to him by the most (never failing) bond which exists in this world, marriage with one of his nieces and the intimate relations which such an incident so justly produces, providing the opportunity to know in depth the admirable personality, he wishes to give expression to his sentiments, writing a complete history of his life and deeds. Without doubt, to do this is impossible because he lacks the data necessary to satisfy his wish. He was obligated by these circumstances to reduce his purpose to the point of having to base his direction upon personal rec-

PROLOGO.

Las páginas que siguen presentan una narrativa acerca de la vida del presbítero, Don Antonio José Martinez, oriundo de Taos, Territorio de Nuevo México. La narrativa es breve, superficial é incompleta. De buena gana hubiera el autor emprendido redactar una historia detallada aunque reconoce la gran responsabilidad que semejante empresa necesariamente comprendería. Esto no es por estar deseoso de adquirir fama, sino porque siempre ha mantenido á pecho los más tiernos recuerdos de admiración y amor hácia el finado Padre Martínez infundidos particularmente porque real y verdaderamente cree que su vida fué muy preciosa, sus hechos muy benéficos, cursando en toda su carrera mundanal un espíritu público tan pronunciado que influía todas sus acciones para el beneficio de sus semejantes.

Habiendo el autor conocido y tratado a Padre Martinez durante su vida; habiéndose aproximado á él por el más inmarcesible vínculo que existe en este mundo, su matrimonio con una sobrina suya y las relaciones tan íntimas que este incidente tan justamente produjo, proporcionándole concer á fondo su admirable personalidad, quisiera dar expresión á sus sentimientos escribiendo una historia completa sobre su vida y sus hechos. Sin embargo, esto le es imposible hacer por razón de que carece absolutamente de los datos necesarios para satisfacer sus deseos. Oblígasele por estas circunstancias á reducir su próposito al extre-

ollections (not thought of beforehand) and folkstories, these being, necessarily, incoherent and disarranged cases and things concerning this subject which the author has believed proper to title *Recollections of Padre Martínez.*

As was pointed out, it is far from the thought of the author and beyond his control and inconceivable that this story should be complete in itself, its style perfect and agreeable, and its reasoning logically concluded. In these times of trains, books, newspapers and public schools, when education is within reach of everyone, this writing would obtain little merit, if any, if it were not as the author believes, that it treats of a life so important and so worthy of public recognition and emulation by the sons of our beloved New Mexico. Knowing that in the past, in times of crudeness and a prevalent scarcity of books, there was a person whose talent and bravery was demonstrated so clearly, breaking the bonds of iniquity in all its forms, that he caused changes and reforms so far-reaching is a thing which without a single doubt interests persons with an active mind. To turn the pages of the past is to understand the basis of the present and in so doing prepare oneself for life.

In all, if the present narrative does nothing else but awaken in the reader the curiosity to obtain greater knowledge of the past times, things or persons, if it does nothing but serve as an inspiration to the youth that read it who are now beginning to live to carve a career in the struggle of life, the ambitions of the author shall be satisfied because in reality, the author does not pretend to develop literary fame under any circum-

mo de tener que basar su curso sobre recolecciones personales (no pensadas de antemano) y materia de tradición doméstica, haciendo esto, necesariamente, un grupo incoherente y desarreglado de casos y cosas acerca del asunto que el autor ha creido propio titular "Memorias del Padre Martinez."

Como queda indicado lejos, muy lejos, del pensar del autor está la idea, ajena, absolutamente ajena, á su voluntad, ni siquiera la imaginación de que esta obrita sea completa en si misma, su estilo perfecto y agradable, y su razonamiento lógicamente concertado. En estos tiempos de trenes, libros, periódicos y escuelas públicas, cuando la educación está al alcance de todos, poco mérito, si alguno, obtendría este escrito sino fuera por el hecho, como lo cree el autor, de que trata de vida tan importante y tan digna de conocimiento público y emulación por los hijos de nuestro amado Nuevo México. Saber que en el pasado, tiempos de una crudeza y escasez de libros tan vigorosa, hubo una persona cuyo talento y varonilidad se mostró tan palpable, cortando los lazos de la iniquidad en toda forma, que causó cambios y reformas tan transcendentales, es cosa que sin duda alguna interesa á personas de mente activa. Hojear y saber el pasado es comprender la base del presente y en buen modo prepararse para hacer la carrera de la vida.

Por lo tanto, si la presente narrativa no hace otra cosa que dispertar en el lector una curiosidad de obtener mayores conocimientos acerca del pasado, tiempos, cosas ó personas, si no hace mas que servir de inspiración á jóvenes que la lean que ahora comienzan á

stance, nor merit fame in the least.

THE AUTHOR.

Taos, February 22, A. D. 1903.

vivir para labrar su carrera en la lucha de la vida, las ambiciones del autor serán satisfechas, porque realmente, no pretende el autor, bajo ninguna circunstancia, hacer marca literaria ni merecer fama en lo mas mínimo.

EL AUTOR.

Taos, Febrero 22, A. D. 1903.

INTRODUCTION.

One word to the reader: Everything of the present has its roots in the past. It is impossible to begin any kind of a narrative, whether relating to the history of a man or an event, without looking back into the past. On the different phases of the life on which we are going to write we are obliged to recognize and consider that one of the greatest blessings that providence has shed upon a nation is that which causes the birth of men interested in humanity, that is, men while despising egoism love philanthropy and in this way "love their fellowmen as themselves" and are satisfied with teaching them the art of living, thinking and working, (favorite words of Padre Martínez'); as also to aid their fellowmen in the adversities of life. Such were the fine qualities which adorned the illustrious priest, Don Antonio José Martínez, on the journey of his precious life in this world and such attributes that justly characterized him, entitle him to be called humanitarian and the honor of his country.

This said, permit me to continue with the biographical sketch of this meritorious son of New Mexico.

INTRODUCCION.

Un palabra al lector: Todas las cosas presentes tienen su raiz en lo pasado. Es imposible dar principio á una narración cualquiera, ya sea esta relativa á la historia de un hombre, ó ya sea la de un acontecimiento, sin tener que echar una ojeada sobre lo pasado. En las diferentes faces de la vida que vamos á escribir nos vemos obligados de reconocer y considerar que una de las mas grandes benediciones que la Providencia ha derramado sobre su pueblo es aquella que causa el nacimiento de hombres útiles á los intereses de la humanidad, esto es, hombres que despreciando el egoismo aman la filantropía y de este modo "aman al prójimo como á si mismo," y se complacen en enseñarles el arte de vivir, pensar y obrar (palabras favoritas del Padre Martinez); como tambien en auxiliar á sus semejantes en las adversidades de la vida. Tales fueron las bellas cualidades que adornaron al muy ilustre presbítero Don Antonio José Martinez, en el viaje de su preciosa vida en este mundo y tales atributos que justamente lo caracterizaron, le intitulan á ser llamado el bienhechor y la honra de su pais.

Dicho esto, permítaseme proseguir con el bosquejo biográfico de este benemérito hijo de Nuevo México.

Recollections of Padre Martinez.

CHAPTER I.

Father Martínez' birth, early work, his marriage and married life.

On the 17th of January, 1793, Antonio José Martínez, the object of these recollections was born in Abiquiú, Territory of New Mexico, his parents being Antonio Severiano* Martínez and María del Carmen Santistevan. At the age of ten†, under his father's direction, he attended primary school and two years later had learned correct reading and writing, as also some principles of arithmetic. After that time his parents went to live in Taos and dedicated him exclusively to service in domestic haciendas, which were many. He always fulfilled these employments with energy and exactness. His spare time was spent reading, writing and doing arithmetic with interest and perseverance extraordinary for that epoch.

In 1812, he married María de la Luz Martínez, also of Abiquiú, New Mexico, and the daughter of Manuel Martínez and María de la Luz Quintana, his wife. They were not related; they were of distinct families although of the same surname. His said wife died the following year, leaving a daughter named Luz, who also died in the year 1825.

---

*Severino.
†Actually, five years.

Memorias del Padre Martinez.

CAPÍTULO I.

Nacimiento y Primeros Albores del Padre Martinez, su Matrimonio y Vida Casada.

El dia diez y siete del mes de Enero, A. D. 1793 nació Antonio José Martinez, objeto de estas Memorias, en Abiquiú, Territorio de Nuevo México, siendo sus padres Antonio Severiano* Martinez y Maria del Cármen Santistevan. Á la edad de diez† años, bajo la dirección de su padre, atendió á la escuela de primeras letras, y dos años despues logró leer y escribir correctamente, así como algunos principios de numeración. Despues de ese tiempo sus padres se trasladaron á vivir en el valle de Taos, y lo dedicaron exclusivamente al servicio de las haciendas domésticas que eran muchas. Estas ocupaciones las desempeñaba siempre con actividad y precisión. El tiempo que tenia de reposo lo empleaba en leer, escribir y recorrer la numeración con un interés y empeño extraordinario en aquella época.

En el año de 1812 contrajo matrimonio con Maria de la Luz Martinez, tambien oriunda de la población de Abiquiú, Nuevo México, é hija de Manuel Martinez y de Maria de la Luz Quintana, su esposa. No existía parentezco entre ambos; eran familias distintas aunque del mismo apellido. Su dicha esposa murió al siguiente año, dejando una niña llamada Luz, quien tambien murió más tarde en el año de 1825.

*Severino.
†En efecto, cinco años.

CHAPTER II.

His widowhood; his studies for the priesthood; his ordination; his return to Taos, New Mexico, as parish priest.

Having been left a widower, and maintaining continuously alive in his heart an interest and love for education which was manifested from his early years, and he previously felt, and sheltered promising hopes, he decided to become a priest to which purpose his parents consented and furnished the means for his laudable enterprise. It was in this way that on the 10th of March, 1817, A. D., young Martínez went to Mexico and started his studies in the College of Durango, in said republic, where he stayed until the beginning of the year 1823. During this time he studied Latin grammar, rhetoric, ontology, metaphysics, general physics, theology and the Roman writings. On the 16th of March, 1821 A. D., he received the four orders of minor; on the following day that of subdeacon, and on the 25th of the same month that of deacon. On the 16th of February, 1822 A. D., he was ordained priest and on the 19th of the same month he celebrated his first mass and was also qualified to hear confessions, preach and to give all kinds of blessings and administer all the other ecclesiastical services, following examination and approval. On the first of June, 1822 A. D., in Durango, Mexico, he started the practice of his ministry and continued there in the actual practice of the same until the month of January

CAPÍTULO II.

**Su Viudez; sus Estudios para Sacerdote; su Acces-
ion al Clero; su Regreso a Taos, Nuevo Mexico,
como Cura Parroco del Lugar.**

Habiendo quedado en estado de viudez y mantenien-
do siempre vivo en su pecho aquel interés y amor á la
educación que desde sus tiernos años manifestaba é in-
teriormente sentía, y abrigando halagueñas esperanzas;
entónces formó el insigne proyecto de ordenarse sacerdote, á cuyo proyecto sus padres accedieron con placer
y le proporcionaron los medios necesarios para lograr
tan loable empresa. Así fué que el dia diez de Marzo, A.
D. 1817, el jóven Martinez se trasladó á México, y entró
á estudiar en el colegio de Durango, en dicha república,
en donde permaneció hasta principios del año de 1823.
Durante ese período de tiempo estudió gramática latina,
retórica, ontología, metafísica, matemáticas, física general, teología y las rúbricas romanas. El dia diez y seis
de Marzo, A. D. 1821, recibió las cuatro órdenes de
menores; al dia siguiente la de sub-diácono, y el dia
viente y cinco del mismo mes, la de diácono. El dia diez
y seis de Febrero, A. D. 1822, fué ordenado presbítero,
y el dia diez y nueve del mismo mes celebró su primer
misa y además fué habilitado para confesar, predicar
y dar toda clase da [sic] bendiciones y ejercer los demás
servicios del ministerio eclesiastico; prévia examinación
y aprobación. En el dia primero de Junio, A. D. 1822,
en Durango, México, comenzó á prácticar los actos de

of the following year, at which time he returned to New Mexico and the home of his parents. In the month of November of the same year he was given the curatorship of Tomé in which he served for some time. In May 1824 A. D. he was given the curatorship of Santo Tomás de Abiquiú, his native home, and in the month of July of the same year he was given the curatorship of Taos, wherein he served some months and after, leaving his service in Abiquiú, stayed in Taos meanwhile administering until, when in the year 1830, he was required by the illustrious Bishop Zubiría to attend the Ecclesiastical synod in Durango, Mexico; Father Martínez, *who having overcome the opposition in the Synod,* obtained by canonical bestowal the curatorship of Taos, in possession as parish priest, previous to the necessary steps and subsequent tradition as was the usual manner.

The Mexican constitution does not admit freedom of worship. In spite of this, the priest declared himself in favor of this as necessary for a stable, prosperous and free government. In 1830 he wrote a book (which has not been published) on this subject in which he clearly gave the just reasons which caused him to form such an opinion. In it he conclusively manifested that the Republic, now independent of the intolerant Spain, would produce necessarily beneficial results, would ensure public peace, and under political and religious liberty, would prosper under its laws and elude internal and fraternal wars.

su ministerio, y continuó allí en la práctica actual de los mismos hasta el mes de Enero del siguiente año en cuyo tiempo regresó á Nuevo México á la casa de sus padres. En el mes de Noviembre del mismo año se le encargó el curato de Tomé en el que sirvió por algún tiempo. En el mes de Mayo, A. D. 1824, se encargó del curato de Santo Tomás de Abiquiú, su lugar natal, y en el mes de Julio del mismo año se le encargó el curato de Taos en el cual sirvió algunos meses y despues, dejando de sirvir en el de Abiquiú, permaneció en Taos interinamente administrando hasta que en el año de 1830, habiendo sido convocado un Sínodo Eclesiastico en Durango, México, al cual fué requerido de atender por el Ilustrísimo Obispo Zubiría, el Presbítero Martinez, *quien mediante oposición en el sínodo al haber sobresalido,* obtuvo por colación canónica el curato de Taos á posesión como cura propio, prévio los pasos necesarios y la tradución subsecuente en forma ordinaria.

La constitución Mexicana no admitía la tolerancia de cultos. No obstante esto, el presbítero se declaró en favor de ella, como necesaria para un gobierno estable, próspero y libre. En el año 1830 escribió un libro (que no ha sido publicado) sobre esta materia en el cual demostró con claridad las justas razones que le movieron para formar tal opinión. En él manifestó conclusivamente que siendo establecida la tolerancia de cultos, la República, ya independiente de la intolerante España, produciría necesariamente benéficos resultados, aseguraría la paz pública y bajo la libertad política y religiosa prosperaría á la sombra de sus leyes y eludiría las guerras intestinas y fraternales.

CHAPTER III.

Establishment of the first school in New Mexico by the priest; exposition on clerical injustice and arbitrary sovereignty of the clergy, freedom of worship, etc.

During his residence in Taos the priest sheltered the hope of finally fixing his residence in that place, always encouraged by those philanthropic sentiments of his early years, and maintained by his constant studies, and filled with burning desires to better the situation of his faithful and of the country in general, both spiritually and temporally, and knowing that the fundamental basis for all improvement is education, so rare in the territory in those times, with the object of cooperating if possible, to disseminate it among all classes of society, he established in 1826 at his home in Taos a college for the education of youth of both sexes. He employed teachers at his own expense and under his direction took charge of the teaching in all its branches. The event of the establishment of the school was then spread through all the territory. Youth from many places came to be educated with the intention of being ordained priests. The priest then started studies in Latin grammar, rhetoric and theology to satisfy the desires of those who demanded them. He, himself, taught them and explained the studies with an untiring zeal, without conflicting with the duties of his ecclesiastical ministry, which he exercised over a large and varied country

CAPÍTULO III.

Fundacion del Primer Plantel Educacional en Nuevo Mexico por el Presbitero; Exposicion Acerca de la Injusta y Arbitraria Soberania del Clero, la Tolerancla [sic] de Cultos, etc.

Habiendo el presbítero durante su residencia interina en Taos abrigado la esperanza de finalmente fijar su residencia en aquel lugar, animado siempre de aquellos sentimientos filantrópicos que habia conservado desde sus mas tiernos años y mantenido con sus constantes estudios, y lleno de ardientes deseos por mejorar la situación de sus filigreses y la del pueblo en general, ora en lo espiritual, ora en lo temporal, y conocedor de que la base fundamental de todo adelanto es la educación, en aquellos tiempos tan escasa en este territorio, y con el fin de co-operar en lo posible para diseminarla entre todas las clases de sociedad, estableció, en el año de 1826, en su casa, en Taos, un Colegio para la educación de jóvenes de ambos sexos. Empleó preceptores á su costa, y bajo su immediata [sic] dirección se tomó cargo de la enseñanza en todos sus ramos. Luego se divulgó por todo el Territorio el incidente del establecimiento del plantel educacional. Ocurrieron de muchas partes jóvenes para ser educados, con intención de ordenarse sacerdotes. El presbítero luego abrió estudios de gramática latina, retórica y teología para satisfacer los deseos de aquellos que lo demandaban. Él mismo les enseñaba y explicaba los estudios con un

largely populated, surrounded by dangers caused by the
Indians who continuously pillaged the territory after
human blood; he attended to everything with pleasure,
care and tireless vigilance, and with patience endured
the sufferings of age. In addition to this difficult work
(although sweet and agreeable to the priest), induced
by his increasing devotion and love for *belles lettres*, he
again took up in 1829 the study of theology which he
finished in October 1836, and from that date until 1839
studied canon law. He also studied, with the same appli-
cation and perseverance, the civil laws of Spain and the
laws then in force in Mexico.

Turning back to the year 1829, in between the ardu-
ous tasks of his ministry and the educational undertak-
ings which he initiated, the priest, looking over the situation of that epoch in New Mexico, observed that the
political situation was deplorable, sad and worthy of
compassion. He found that the cause for such a sad
state was the ignorance in which it was maintained by
both the Spanish and Mexican governments, leaving the
clergy to exercise a powerful influence over its temporal interests. As luck would have it, the clergy had imposed the payment of tithes and first fruits of the agri-
cultural produce and breeding of animals, and also
enormous prices for the administration of its ecclesiastical ceremonies which with severity and without
mercy were required; the poor many times having to
bury their dead in the desert not being able to pay the
sum imposed; having to leave their children unbaptized
because they could not pay for the baptism and living
many times in scandalous concubinage because they

zelo incansable, sin conflictar con el exacto ministerio eclesiástico que ejercía sobre un dilatado y variado terreno habitado por un numeroso pueblo, rodeado de peligros causados por los Indios que continuamente merodeaban el Territorio en pos de sangre humana; á todo lo que atendía con diligente agrado é infatigable desvelo y lo que sufría con paciencia mayor que la que su edad le permitia. En adición á estos penosos trabajos (aunque para el presbítero dulces y agradables ocupaciones), inducido por su crecida devoción y amor á las *bellas letras,* emprendió de nuevo, en el año de 1829, el estudio de teología lo que concluyó en todas sus partes en Octubre de 1836, y desde esta fecha hasta el año de 1839 estudió el derecho canónico. Ademas estudío, con la misma aplicación y asiduidad, el derecho civil de España y las leyes entonces vigentes en México.

Volviendo atrás, al año de 1829, en medio de las arduas ocupaciones de su ministerio y las empresas educacionales que habia iniciado, echando el presbítero una ojeada sobre la situación que guardaba en esa época el pueblo de Nuevo México, observó que su situación política era deplorable, triste y digna de compasión. Descubrió que la causa que le tenia en estado tan lastimero era la ignorancia en que le mantuvo el gobierno Español y Mexicano, dejando asi al clero ejercer un poderoso influjo sobre sus intereses temporales. De suerte que el clero le tenia impuesto el pago de los diezmos y primicias coactivos sobre el producto de la agricultura y la cria de animales, así como enormes aranceles por administrar los actos de su ministerio eclesiástico, que con rigidéz y sin misericordia exigia,

could not pay to be married. There were many who robbed in order to pay for these rights so the tribunals were filled with many such cases.

The priest, observing that such obligations instead of edifying the faithful and promoting the well-being of society solely served to corrupt the Christian citizen, raised his voice, writing an exposition against such a destructive practice and with all the force of his reasoning showed the sad consequences of such abuses. He directed his exposition to the Territorial Assembly where it was well received and by his conduct rose to the National Congress where he merited the applause of that august body. His exposition was placed before the entire Republic by means of newspapers and with the help of other expositions with the same object in view, made and conveyed by citizens of various parts of the Republic, the Federal Mexican Congress, after careful deliberations in the year 1833, removed the civil enforcement of arbitrary tithes, availed by the clergy until then.

The illustrious Zubiría, Bishop of Durango, to whose diocese belonged this part of the Territory of New Mexico, saw the exposition made by the priest and instead of censuring it considered it the opinion of a priest in the capacity of a citizen, recognizing the right he had, under the Mexican Constitution, to express his opinions in political matters.

teniendo muchas veces los pobres que sepultar á sus muertos en los desiertos por no tener con que pagar el impuesto; dejar de bautizar á sus niños por no tener con que pagar por el bautizmo, y viviendo muchas veces en un concubinato escandaloso por no tener con que pagar el casamiento. Hubo los que robaron por satisfacer tales derechos, de modo que los tribunales se veian ocupados con tales querellas.

Observando el presbítero, que tales gravámenes en vez de edificar á los fieles y de promover el bienestar de la sociedad solo servian para corromper al ciudadano cristiano, levantó su voz haciendo una exposición contra práctica tan destructora y con toda la fuerza de su raciocinio expuso al vivo las funestas consecuencias de semejantes abusos. Dirigió su exposición á la Asamblea Territorial y allí fué recibida y por su conducto se elevó al Congreso Nacional en donde mereció los aplausos de aquel augusto cuerpo. Fué puesta á la faz de la República entera por medio de los periódicos y con la ayuda de otras exposiciones con el mismo objeto, hechas y conducidas por ciudadanos de varias partes de la República, el Congreso Federal Mexicano, despúes de maduras deliberaciones, en el año de 1833 quitó la coacción civil de los diezmos disfrutados arbitrariamente por el clero hasta entónces.

El Ilustrísimo Señor Zubiría, Obispo de Durango, á cuya diócesis pertenecía este parte del Territorio de Nuevo México, vió la exposición hecha por el presbítero y en vez de censurarle la consideró como la opinión de un sacerdote en su capacidad de ciudadano, reconociendo el derecho que tenia, bajo le constitución Mexicana, par expresar sus opiniones en materias políticas.

CHAPTER IV.

Services of the priest as legislator, Papal letters granting permission for the priest to Confirm brought by Bishop Zubiría; second visit of the bishop granting greater powers to the priest; his kindness, charity and compassion.

In the years 1830, 1831 and 1836 he served as deputy to the Departmental Assembly of New Mexico under the Mexican government. In this capacity, by his success as legislator and love of country, he was esteemed highly by his colleagues as the leader of that assembly.

In the year 1833 when the illustrious Bishop Antonio Laureano de Zubiría came on his first visit to this territory, he brought him Papal letters wherein the Pope gave the priest the right to administer Confirmations while a priest at Taos, which remained in his authority. On the Bishop's second visit to this territory in 1845 he granted him enlarged powers to dispense with matrimonial obstacles etc., and to give Extreme Unction, etc.

The priest at all times displayed the kindness and charity which he always held in his heart. Every year he would gather and looked forward to separating part of his crops, and in time of scarcity would distribute them among the poor, in this way fulfilling the sweet precepts of charity and mercy.

CAPÍTULO IV.

Servicios de Presbitero como Legisiador, [sic] Letras Pontificias Facultando al Presbitero para Hacer Confirmaciones Traidas por el Obispo Zubiria; Segunda Vista del Obispo con Mayores Facultades al Presbitero Otorgadas; su Munificencia, Caridad y Misericordia.

En los años 1830, 1831 y 1836 sirvió como diputado en la Asamblea Departamental de Nuevo México bajo el gobierno Mexicano. En esta capacidad por su acierto como legislador y su amor á la patria fué tenido por sus colegas como el dictador de aqella asemblea.

En el año de 1833 en que el Ilustrísimo Señor Obispo Don José Antonio Laureano de Zubiría hizo su primer visita á este territorio le trajo letras pontificas por las que el Papa concedió al presbítero facultad para hacer confirmaciones mientras estuviese de cura en Taos, las cuales permanecieron en su poder. En la segunda visita que el mismo obispo hizo á este territorio en el año de 1845, le dió ámplias facultades para dispensar los impedimentos de matrimonio, etc., y para bendecir óleos, etc.

El presbítero en todo tiempo daba vuelo á la caridad y munificiencia que siempre tuvo en su corazón. Cada año apropiaba y separaba anticipadamente parte de sus cosechas, y en tiempo de carestía las distribuia entre los pobres, cumpliendo así con los dulces preceptos de la caridad y misericordia.

CHAPTER V.

The Revolt of the Cañaderos or Chimayoses and Padre Martínez' deeds (A. D. 1837).

With the motive of collecting a 100 peso debt owed one Víctor Sánchez, a very peaceable native resident of Taos, a revolution started in the beginning of the year 1837 in Cañada (Santa Cruz), a place of previous disturbances. This war is commonly known as "The War of the Cañaderos or Chimayoses." The debtors were two individuals, whose names we do not know, of Santa Cruz, La Cañada, (now the northern part of Santa Fé county). Víctor Sánchez, the creditor, demanded payment from the debtors. They refused to pay. Sánchez immediately brought this demand for payment before the justice of the peace, Diego Esquibel of that place. The defendants, after being properly cited, appeared before the tribunal. The plaintiff presented creditable documentary evidence, which admitted no doubt of the justice of the claim. Neverthelesss the hardened and stupefied justice of the peace, seeing that the defendants were relatives of his, residents of his own place, decided in their favor. The plaintiff appealed to the probate judge who was Don Ramón Abreu. This official recognized and judged the case in Santa Fé, his place, and in view of the circumstances presented by the evidence, decided in favor of Víctor Sánchez, the claimant. He also suspended Diego Esquibel, the justice of the peace. The revolution broke out then.

CAPÍTULO V.

La Guerra de los Canaderos o Chimayoses y los Hechos del Padre Martinez en la Misma (A. D. 1837).

Con motivo de una deuda de cien pesos debida á un Victor Sanchez, ciudadano muy pacífico residente en Taos, una revolución fué comenzada, á principios del año de 1837, teniendo su cuna en la Cañada (Santa Cruz) lugar de trastornos anteriores. Esta guerra se conoce comunmente como "La Guerra de los Cañaderos ó Chimayoses." Los deudores lo eran dos individuos de Santa Cruz, La Cañada, (ahora la parte norte del Condado de Santa Fé), cuyos nombres no sabemos. Victor Sanchez, el acreedor, demandó de sus deudores el pago de la deuda. Ellos se negaron en pagarla. Immediatamente Sanchez puso su demanda ante el alcalde, Diego Esquibel, del mismo lugar. Los demandados despues de haber sido propiamente citados, aparecieron ante el tribunal. El actor presentó fidedigna evidencia documentaria, la que no admitia duda alguna de la justicia del reclamo. No obstante, aquel alcalde empedernido y embrutecido, viendo que los demandados eran sus parientes, residentes de su propio lugar, decidió en favor de ellos. El actor apeló al juez de pruebas, que lo era, Don Ramon Abreu. Este oficial conoció y juzgó la causa en Santa Fé, su lugar, y en vista de los hechos segun presentados por la evidencia, decidió en favor de Victor Sanchez, el actor. Además, suspendió al inícuo al-

The alarming cry "Taxation! Taxation!" was heard everywhere. The Montoya brothers of the same place (La Cañada), placed themselves at the head of the revolt and used the argument that the Abreus had removed the judge of "the nation" and that if this was permitted "the nation" would very soon be punished with an insupportable tax, for their harvests, their tobacco and even for a hen's egg. This cry of alarm, though unjust, came to the ears of ignorant, malicious men, whose hearts were corrupted in such a manner that they did not stop to investigate the matter. Thus they flung themselves against human life without mercy.

The Indians of the pueblos of San Juan, Santo Domingo, Cochití and San Felipe were seduced by those turbulent men and in that way met and quartered at Santa Cruz, La Cañada. From there they marched to Santa Fé, causing what damage they could. Meanwhile they shot and ended the precious life of the governor Albino Pérez who succumbed at the hands of the barbarians in the nineteenth century at the home of "Tío Salvadorito." By this atrocious and inhuman method, there was no governor in this territory for the moment. But General Armijo, the hero of that epoch, took the reins of government, and declared himself military governor of the department, as New Mexico was then called. He then began to organize valiant villagers, he having only two companies of dragoons at his disposal. The brothers, Santiago and Ramón Abreu, illustrious men with great souls and patriotic hearts, joined with Armijo, helped him in organizing his militia and in carrying the government to a complete triumph. These

calde, Diego Esquibel. De aqui estalló la revolución.

El grito alarmante de "¡Pensión!" "¡Pensión!" fué cundiendo por todas partes. Los hermanos Montoyas del mismo lugar (La Cañada), se pusieron á la cabeza de la revolución y usando por argumento que los Abreus habian quitado al juez de 'la nación' y que si esto se permitia muy presto seria 'la nación' castigada con una pensión insoportable, ya en sus cosechas, ya en sus punches (tabaco), y aun hasta por el huevo de una gallina. Este grito de alarma, á la par que injusto, fué entrando á las orejas de hombres ignorantes, maliciosos y de corazones depravados de tal manera que jamás se detuvieron en observar el espíritu de investigación. Así se lanzaron sobre la vida humana sin miscericordia [sic].

Los Indios de los pueblos de San Juan, Santo Domingo, Cochití y San Felipe, fueron seducidos por aquellos facciosos y así ocurrieron á acantonarse en Santa Cruz, La Cañada. De alli marcharon á Santa Fé, causando cuanto mal pudieron. Entre tanto, se llevaron á fuego y sangre la preciosa vida del Gobernador Albino Perez, quien sucumbió en las manos de aquellos bárbaros del siglo decimo-nono en la casa del "Tio Salvadorito." De este modo atroz é inhumano, el gobernador en este territorio, por el momento, quedo aséfalo. Pero el General Armijo, como el héroe de la época, tomó las riendas del gobierno, y se declaró gobernador militar del departamento entonces así llamado de Nuevo México. Luego se puso á organizar una milicia de los valientes Villeros, pues él solamente tenia á su disposición dos compañias de Dragones. Los hermanos, Santiago y Ramon Abreu, hombres ilustres, de alma grande

heroic deeds on the part of these noble men was the immediate cause of his death at the hands of his brutal assassins on the plain of Santo Domingo.

The revolution extended to Taos. Its leaders became Vigil, "El Coyote," and José Gonzales who later was named by the revolutionaries as governor in the river of La Cañada, the place where the rebels were continually quartering. (It should be noted that his excellency could not read but was named governor because he was a good bison killer.)*

The priest used the most energetic and tenacious courage to suppress this revolution by means of persuasion, but to no avail. The result was that the seditious men, some of them his own parishioners, persecuted him and he found it necessary to escape to Santa Fé to save his life. There the priest offered his services to General Armijo as chaplain of the army, serving without recompense under the general's orders. His services being accepted by the general he thus served until the termination of the revolt at the end of the year 1838, when the rebels were completely defeated and the government reestablished.

General Armijo, having organized the militia he desired and his two troops of dragoons being well prepared, went out to encounter the rebels which were united in the hills of Puertecito de Pojoaque on the 17th of August 1838 A. D. In passing the main ditch of that place Armijo, in person, the Padre Martínez always at his side, started to arrange his army in battle order.

---

*Documents of the time actually reveal that José Gonzáles was quite a literate man.

y corazon patriótico, se juntaron con Armijo, le ayudarou [sic] en la organización de la milicia y en llevar el gobierno á un completo triunfo. Estos hechos heróicos de parte de estos nobles hombres fué la causa próxima de su muerte en las manos de sus brutos asesinos en el llano de Santo Domingo.

La revolución se extendió á Taos. A la cabeza se pusieron Vigil, el 'coyote,' y José Gonzales, quien más tarde fué por los sediciosos nombrado gobernador en el rio de La Cañada, lugar donde los rebeldes estaban continuamente acantonándose. (Es de advertir que su excelencia no sabia leer, pero fué nombrado gobernador porque era muy buen matador de cíbolos.)*

El presbítero usó de los más enérgicos y tenaces esfuerzos para suprimir esta revolución por medio de la persuación, pero no lo consiguió. Fué el resultado que los sediciosos, algunos de ellos sus mismos feligreses, le persiguieron y se vió en la necesidad de huir á Santa Fé para salvar su vida. Allí el presbítero se ofreció á las órdenes del General Armijo sin recompensa alguna como capellán del ejército que bajo las órdenes de dicho general marchaban. Aceptados sus servicios por el general permaneció en el desempeño de los mismos hasta la terminación de la sublevación á fines del año 1838, cuando los sediciosos fueron completamente derrotados y el gobierno restablecido.

El General Armijo habiendo organizado la milicia que deseaba y preparado muy bien sus dos tropas de dragones salió al encuentro de los rebeldes que se hallaban

---

*Documentos de la época revelan que José Gonzáles era un hombre enteramente literato.

The rebels fired the first shot that brought the first drop of blood. The Indian Rafaelito of San Juan Pueblo at his first shot brought down "Chiquito" Alarid. At once the General cried "Arriba! To die or conquer!" At the first discharge from federal arms the rebels did not oppose them but in disorder escaped through the hills and did not stop until they came to Arroyo Seco (about 15 miles to the north). The militia followed them, killing their outer ranks and leaving dozens dead in the cañadas and arroyos of that sorrowful place. There died Vigil, "El Coyote," and his remains hung on a post at the place where the roads of Pojoaque and Jacona meet. This as an example to the reckless.

    Armijo, with his army, arrived at Santa Cruz, La Cañada, and lodged at the convent for that night. The pretender governor, José Gonzales, finding himself defeated in the hills, without a people to govern, resolved to personally visit General Armijo. He presented himself at the doors of the army quarters, asking permission to enter and it was granted him. In presenting himself before Armijo he spoke in these terms: "How are you, comrade? I come to ask of you guarantees for my village, that is, that no levy or taxation be imposed over it and in this way will I recognize the order." To which Armijo replied with that special elegance of his: "Nothing of what you ask will be considered by this government. What you ask is out of the question and in no way originates from the premises. My object is to establish peace and good order and this I will do by the shortest possible way," and directing himself to our subject said: "Padre Martínez, hear this genízaro's confes-

reunidos en las lomas del Puertecito de Pojoaque el dia diez y siete de Agosto, A. D. 1838. Al pasar la acequia madre de ese lugar Armijo, en persona, el Padre Martinez siempre á su lado, comenzó á poner su ejército en órden de batalla. Los rebeldes dispararon el primer tiro que produjo la primer gota de sangre. El indio Rafaelito, del Pueblo de San Juan, en su primer tiro derrivó al "Chiquito" Alarid. Al momento, el General Armijo gritó "¡Arriba!" "¡¡Á morir ó vencer!!" Al primer descargue de las armas federales los rebeldes ya no hicieron frente, salieron huyendo desconcertados, por las lomas, y no pararon hasta el Arroyo Seco (como quince millas distancia hácia el norte.) La milicia los siguió, matando á sus anchuras, y dejando docenas de muertos en las cañadas y arroyos de ese triste lugar. Allí murió Vigil, "el coyote," y sus cuartos fueron colgados en una posta clavada en el lugar donde se juntan los caminos de Pojoaque y Jacona. Esto para ejemplo de todos los incautos.

Armijo, con su ejército, llegó á Santa Cruz, La Cañada, y se hospedó en el convento por aquella noche. El pretendido gobernador, José Gonzales, hallándose derrotado, en las lomas, sin pueblo á que gobernar, resolvío visitar en persona al general Armijo. Asi se presentó á las puertas del cuartel, pidió permiso para entrar y le fué concedido. Al presentarse á la presencia de Armijo, le habló en estos términos: "¿Como le va compañero?" "Vengo á pedir á Vd. garantias en favor de mi pueblo, esto es, que ninguna pensión ó tasación sea impuesta sobre él y así reconoceré el órden." Á lo cual Armijo, con aquel donaire que le era peculiar, respon-

sion so that he may be given five bullets." Padre Martínez heard his confession, handed him over to the
guard and the "little angel" received the five bullets
with necessary resignation in the fortress at Santa
Cruz.* The following day Armijo returned with his army
to Santa Fé. There came the brothers Montoyitas asking for the same guarantees as the unfortunate governor which at the same instant were granted them. He
sent them to jail and in three days ordered them shot.
In this way peace was reestablished and Armijo continued in power full of honors, until he later evacuated the
Territory in favor of the American government, having
at his disposal five thousand men well disciplined and
determined to defend their country. Regardless of the
patriotism of the sons of New Mexico, their chief abandoned them and fled to Mexico. He took his regular
troops with him without firing one shot. Our general
did not want to shed blood but he did take money**.....
and it is nothing to wonder at that no one perished or
was placed in danger.

There was a frightful calamity that year as a conse-
quence of the rebellion, in which the seditious insur-
gents, half confused, destroyed the field crops, leaving
the village without food. Mothers with their embarrassed
sons and daughters went into different homes in search

---

*Accounts indicate the execution took place at La Garita.

**General Armijo, after the war, was tried in Mexico
City for cowardice and desertion in the face of the enemy.
After all of the witnesses were summoned and the develop-
ments leading up to the occupation were thoroughly in-
vestigated, Armijo was acquitted of all charges.

dió: "Ninguna cosa de las que Vd. pide será considerada por este gobierno. Lo que Vd. pide está fuera de la cuestión y en ninguna manera dimana de las premisas. Mi objeto es establecer la paz y el buen órden y esto lo haré por el más corto camino, y dirigiéndose á nuestro sujeto, dijo: "Padre Martinez, confiese á este genízaro para que le dén cinco balazos." El Padre Martinez le confesó, le entregó á la guardia, y el 'angelito' recibió con resignación precisada los cinco balazos en el castillo de Santa Cruz.* Armijo al siguiente dia volvió con su ejército á Santa Fe. Allí vinieron los hermanos Montoyitas pidiéndole las mismas garantias que pidió el desafortunado gobernador las cuales al instante se las conce dío (?). Los mandó á la cárcel y á los tres dias los mandó fusilar. Asi la paz fué restablecida y Armijo se perpetuó en el poder, lleno de honores, hasta que más tarde evacuó el Territorio en favor del gobierno Americano, teniendo á su disposición cinco mil hombres bien disciplinados y determinados á defender su patria. Pero no obstante el patriotismo de los hijos de Nuevo México, su jefe les abandonó y se fugó para México. Se llevó consigo las tropas regulares, sin disparar ni un solo fusil. Nuestro general no quiso sacar sangre pero si sacó dinero**.....y no hay que admirarse

---

*Informes indican que la ejecución tomo lugar en La Garita.

**General Armijo, después de la guerra, fué puesto en juicio en la Ciudad de México por cobardía y deserción al encuentro del enemigo. Después de citar a todos los testigos y el progreso que guió la ocupación fueron completamente investigados, Armijo fué absolvido de todos los cargos.

of a piece of bread to satisfy their hunger. Padre Martínez, to alleviate the mishap, opened his granaries and
placed them at the disposal of the commissioners which
he named so that the food would be proportionately
divided among the most needy families, including those
which persecuted him most.

que nadie pereciera ni se pusiera en peligro.

Como consecuencia de la rebelión en la cual los sediciosos insurrectos en medio de sus desórdenes destru-
yeron los sembrados, dejando al pueblo sin alimento,
acaeció por ese año una calamidad espantosa. Madres
con sus ruborizados niños y niñas entraban á diferentes
casas en busca de un pedazo de pan para satisfacer el
hambre. El Padre Martinez para contrarrestar semejante
calamidad abrió sus galeras y las entregó á comisiona-
dos que él nombró para que fuesen repartidas en pro-
porción entre las familias más necesitades, incluyendo
aquellas de los que más le persiguieron.

CHAPTER VI.

The logical candidacy of the priest as deputy to the Mexican National Congress thwarted by General Armijo; his exposition on the civilization of the savage and barbaric tribes that were destroying the territory.

The year 1844, being the year for appointing a deputy to the Mexican Congress, the clergy, at whose head was the Vicar Don Juan Felipe Ortiz, proclaimed Padre Martínez as its candidate for the office. General Armijo, being at the head of the armed forces, proclaimed Don Diego Archuleta as his candidate, and since the noise of arms silences the rights and even the laws themselves, Armijo made use of his power and caused Archuleta to be elected. Thus our priest, though the logical candidate, was defeated.

In the same year the priest, always looking to our well-being, prepared an exposition which was carried to the president of the republic Don Antonio Lopez de Santa Ana, proposing that the barbaric nations who surrounded them, bathed in blood and annihilating the territory, should be subjugated and taught to till the fields, raise animals and do other domestic work for their maintenance. The exposition was received with applause by the president and in giving it his approval, he directed it to the departmental assembly of New Mexico for initiation of the laudable enterprise according to the custom of that government. The governor of this terri-

CAPÍTULO VI.

Su Candidatura Logica del Presbitero para Diputado al Congreso Nacional Mexicano Frustrada por el General Armijo; su Exposicion para la Civilizacion de las Tribus Salvajes y Barbaras que Aniquilaban al Territorio.

En el año de 1844, siendo el año en que correspondia elegir el diputado al Congreso Mexicano, el clero, á cuya cabeza estaba el Señor Vicario Don Juan Felipe Ortiz, proclamó al Padre Martinez como su candidato para tal puesto. El General Armijo estando á la cabeza de las armas, proclamó á Don Diego Archuleta como su candidato, y como al estrépido de las armas callan [sic] los derechos y aun las leyes mismas, Armijo usó de su poder é hizo que Archuleta fuese electo. Así nuestro presbítero, aunque el candidato lógico, quedó derrotado.

En el mismo año el presbítero, siempre constante y amante de nuestro bienestar, hizo una exposición que fué elevada al presidente de la república, Don Antonio Lopez de Santa Ana, proponiendo que las naciones bárbaras que rodeaban, ensangretaban y aniquilaban al territorio fuesen subyugadas y civilizadas por el gobierno, puestas en pueblos, y enseñados á labrar los campos, la cria de animales y otros oficios domésticos para su mantenimiento. La exposición fué recibida con aplausos por el presidente, y en dándole su aprobación la dirigió á la asamblea departamental de Nuevo México para que pusiese iniciativa sobre tan loable empresa según cos-

tory sent the priest a copy of the official letter dated
Mexico April 8, 1845, in which the president thanked
the priest for such eminent services which he desired
done for his country.

tumbre de aquel gobierno. El gobernador de este territorio mandó al presbítero una copia del oficio fechada México 8 de Abril, 1845, en que el presidente dió las gracias al presbítero por tan eminentes servicios que deseaba fuesen hechos á su país.

CHAPTER VII.

The first printing press in New Mexico; its purpose and result; "El Crepúsculo," first newspaper west of the Missouri River, etc., until the annexation of New Mexico to the United States.

In 1835 the priest bought a printing press with his savings, the first* seen in the territory; with the hope of fulfilling the need for books for the use of his students or pupils, he began to print and printed, at his own expense, a handbill with the letters (syllables and words) and a multitude of small prayer books, Christian catechism etc., ideas on orthography, grammar, rhetoric, logic, physics, arithmetic, etc., which he circulated free in the territory, without any recompense whatsoever, always leaving those necessary for the use of his students. He also published a newspaper, the first seen west of the Missouri River to which he gave the most fitting name "El Crepúsculo." Among other things this newspaper served as a means to get to the officials in their excesses, who being at the head of the government, were occupied in granting large donations of property to the few with great injury to the many. The priest was always opposed to the politics used in those times, that is, of granting large donations of property and particularly to the men of property, thus leaving

---

*This press was probably brought from Mexico in 1833 or 1834 by Antonio Barreiro, transferred by him to Ramón Abreu, and then acquired by the priest.

CAPÍTULO VII.

La Primera Imprenta en Nuevo Mexico; su Objeto y Producto; "El Crepusculo," Primer Periodico que se vio al Oeste del Rio Misuri, etc., Hasta la Anexion de Nuevo Mexico a los Estados Unidos.

Desde el año de 1835, habiendo el presbítero comprado una imprenta con sus avíos, la primera* que se vió en este Territorio, con el fin de suplir la falta de libros para el uso de sus estudiantes ó alumnos, comenzó á imprimir é imprimió, á su costa, el catón cartel que contenia los rudimentos de las letras, sílabas y palabras y una multitud de libritos de oración, catecismo cristiano, etc., nociones de ortografía, gramática, retórica, lógica, física, aritmética, etc., etc., los que circuló en el territorio grátis, sin recompensa alguna; dejando siempre los necesarios para el uso de sus discípulos. Tambien publicó un periódico, el primero que se vió al oeste del Rio Misuri, al cual dió el muy idoneo nombre de "El Crepúsculo." Entre otras cosas este periódico le servia de tijera con el cual cortar á los oficiales en sus excesos, pues estando á la cabeza del gobierno, se ocupaban en conceder grandes donaciones de terreno á los pocos en grande perjuicio de los muchos. El presbítero, siempre estuvo opuesto á la política en aquellos tiempos usada, esto es, de conceder grandes donaciones

---

*Esta imprenta probablemente fue traída de México en 1833 o 1834 por Antonio Barreiro, transferida por el a Ramón Abreu, y luego adquirida por el padre.

the masses or the poor population even without a home. "This practice," the priest would say, "is based on injustice observed by a government whose tendencies are not in agreement with the advancement of the people."

In 1843 he reprinted some chapters from the most important statute laws on civil rights, in one volume, which he called "Civil Rights," and a small book on ideas of canonical law. He also began classes in logic, philosophy and mathematics and civil rights, for some of his students who dedicated themselves to study and live in a secular state. Everything he did was with good results and continued thus until August 1846 A. D. when this territory was annexed to the United States.

For the better knowledge of those who might read these pages we will say that he gave assistance to students who came from afar without charge. From this liberality and kindness it resulted that twenty of his collegians were ordained priests, sixteen by Bishop Zubiría of Durango, Mexico, four by Monsignor Lamy, of happy memory, among whom the famed José Manuel Gallegos figured highly. Besides, many were educated there who lived and still live in a secular state, who occupied and who now occupy public positions of great honor and usefulness. Some of them are the honorable Antonio Joseph and Francisco Manzanares, not counting many others who figured and nowadays figure in the three departments of the government in our territory, the executive, judicial and legislative, as also in the representation of our territory in the American National Congress. There are also a large multitude who, without acquiring or aspiring for places of great distinc-

de terreno y particularmente á los hacendados, dejando asi á las masas ó ya sea al pueblo pobre, hasta sin hogar. "Esta práctica," decía el presbítero, "está fundada en una injusticia observada por un gobierno cuyas tendencias no van de acuerdo con el adelanto de los pueblos."

En el año de 1843 imprimió algunos capítulos de los mas importantes de fuero del derecho civil, en un tomo, el cual llamó, "Derecho Civil," y un librito de nociones de derecho canónico. Ademas, abrió estudios en lógica, filosofía y matemáticas y en derecho civil, para algunos de sus discípulos que se dedicaron á estudiar y permanecer en el estado seglar. Todo lo que hizo con buen fruto y continuó haciendo hasta el mes de Agosto, A. D. 1846, cuando este Territorio fué anexado á los Estados Unidos.

Para la mejor inteligencia de aquellos que leyeren [sic] estas páginas dirémos, que á los discipulos de lugares retirados les daba asistencia en su casa sin cargo alguno. Resultando de esta liberalidad y bondad del presbítero que veinte de sus colegiales fueron ordenados sacerdotes, diez y seis por el Obispo Zubiría de Durango, México, y cuatro por Monseñor Lamy, de feliz memoria, entre los cuales figuró en alto grado el célebre José Manuel Gallegos. Ademas, se educaron alli muchos que permanecieron y aun permanecen en el estado seglar y que han ocupado y ocupan puestos públicos de gran honor y provecho. Unos de tantos lo son los honorables Antonio Joseph y Francisco Manzanares, sin contar otros muchos que figuraban y hoy dia figuran en los tres departamentos de gobierno en nues-

tion and without being very well known, nevertheless, they formulated there their first ideas of education and civilization and today are scattered through all parts of the territory, occupied in the various vocations of secular life, have reared and are rearing families that are the pride of our land.

tro Territorio, el ejecutivo, judicial y legislativo, como tambien en la representación de nuestro Territorio en el Congreso Nacional Americano. Ademas, hay una gran multitud que sin adquirir ni aspirar por puestos de mucha distinción, ni ser muy públicamente conocidos, sin embargo, ahí formularon sus primeras ideas acerca de la enseñanza, la educación y la civilización, y hoy esparcidos por todas partes del Territorio, ocupados en las varias vocaciones de la vida seglar, han creado y están creando familias que son el orgullo de nuestro suelo.

CHAPTER VIII.

His famous advice to his students on the change of government; eloquent illustration of the change and logical as well as practical results.

In September of the year in which New Mexico was annexed to the United States, 1846 A. D., after class one day the priest told his students: "Boys, you came to this college with the purpose of studying for the priesthood; in this respect I have done everything possible to grant you your wish. But now, the government having changed, it might be necessary to change ideas. The genius of this American government travels in complete harmony with the freedom of worship and complete separation of Church and State. From this you can logically infer that the clergy's foot has been cut with a knife." "What, then, is the American form of government?" asked the famous grammarian Inocencio Martínez, one of his students. "Republican," replied the priest, and in addition said: "You can say that in comparison the American government is like a burro, but on this burro ride the lawyers and not the clergy."

At the moment, among his students were present: Santiago and Pedro Valdez, Inocencio and José Manuel Martínez and Repito Gonzales. These collegians, in view of such prudent observations coming from the lips of their teacher and benefactor, consecrated themselves to the study of civil law and the English language, under the priest's guidance. They later entered public life as

CAPÍTULO VIII.

Celebre Consejo a sus Discipulos Acerca del Cambio del Gobierno; Elocuente Ilustracion del Cambio y Logico como Practico Resultado.

En Septiembre del año en que Nuevo México fué anexado á los Estados Unidos, A. D. 1846, un dia despues de cátedra dijo el presbítero á sus discipulos: "Muchachos: Vds. vinieron á este colegio con prepósito de estudiar para ordenarse sacerdotes; en esta conexión yo me he esforzado lo posible para que Vds. consiguiesen su fin deseado. Pero, habiendo ahora cambiado de gobierno pueda ser necesario cambiar de ideas. El genio de este gobierno Americano camina en completa armonia con la tolerancia de cultos y una entera separación de Iglesia y el Estado. De eso, lógicamente podrán Vds. colegir que al clero se le ha cortado el pie de la navaja." "¿Cuál, pues, es la forma del gobierno Americano?" le preguntó el célebre gramático Inocencio Martinez, uno de sus discípulos. "Republicano," respondió el presbítero, y añadiendo dijo: "Pueden Vds. decir que en su semejanza el gobierno Americano es un burro, más en este burro cabalgan los licenciados y no el clero."

Á la sazón, entre muchos de sus discipulos, estaban presentes: Santiago y Pedro Valdez, Inocencio y José Manuel Martinez, y Repito Gonzales. Estos colegiales, en vista de tan prudentes observaciones, vertidas por la boca de su maestro y bienhechor, se consagraron al estudio de la ley civil y del idioma Inglés, bajo la en-

also to labor in the fields and to raise animals. Following this the Civil War broke out and many of them took up arms for the federal government.

señanza del presbítero. Despues entraron en la vida pública como tambien á laborear los campos y en la cria de animales. En seguida se estalló la guerra civil y muchos de ellos tomaron las armas en favor del gobierno federal.

CHAPTER IX.

Insurrection of 1847 against the American government in New Mexico and the part the priest took in it.

In the insurrection which broke out in Taos in January of 1847 against the government of the United States, one morning of that cold winter, Padre Martínez was awakened by a multitude of people at his door crying: "Open for the love of God!" "Open for us!" "The Indians are killing Don Carlos Bent, Don Luis Lee and others!" Padre Martínez hurried to the door making the people who were desperate from fright and terror enter. There were reunited all the peaceful citizens of Taos. There were present among them the families of those Americans who had perished as also of those men who were away; and all without distinction of race, color or religion found in the priest's home a heart full of goodness and a spirit of consolation and peace. He provided food for all and arms to those who could use them. He had small forts built on the roofs of the house where they were continually threatened by the seditious men who cried: "Traitors!" "Traitors!" He placed himself at the head of his guests, in their defense, which position he held until the arrival of Colonel Price.

Those who died in that bloody and barbaric scene were the Governor, Charles Bent, Luis Lee (a good man), Don Cornelio Vigil, Pablo Jaramillo, Narciso Beubien* (son of Judge Beubien) and an American lawyer who was with him. Absent were Kit Carson and Colonel

---

*Beaubien.

CAPÍTULO IX.

Sublevacion de 1847 Contra el Gobierno Americano en Nuevo Mexico y la parte que el Presbitero Tomo en la Misma.

En la sublevación que estalló en Taos en el mes de Enero, año de 1847, contra el gobierno de los Estados Unidos, una mañana de aquel frio invierno, el padre Martinez fue dispertado por una muchedumbre de gente que se agrupaba en las puertas de su plazuela gritando: "¡Abridnos por amor de Dios! "Abridnos!!" "Los Indios están matando á Don Carlos Bent, á Don Luis Lee y á otros!!!" El padre Martinez acurrió á la puerta en paños menores é hizo que entrarse toda aquella gente que desesperaba de espanto y de terror. Ahí se reunieron todos los ciudadanos pacíficos de la población de Taos. Entre tantos se hallaban presentes las familias de los Americanos que habian perecido como tambien las de los que andaban ausentes y todos sin distinción de raza, color ó religion, hallaron en la casa del presbítero un corazon lleno de bondad y un espíritu de consolación y paz. Él proporcionó alimento para todos y proveyó de armas para los que podian manejarlas. Hizo construir algunos fortines en las azotéas de la casa en donde continuamente los amenazaban los sediciosos gritandoles: "Traidores!" "Traidores!!" Él mismo se puso á la cabeza de sus huéspedes, en su defensa la que mantuvo hasta la llegada del Coronel Price.

Los que murieron en aquella escena de sangre y de barbarie fueron el Gobernador, Don Carlos Bent, Don Luiz Lee (un buen hombre), Don Cornelio Vigil, Pablo

St. Vrain who at the time were at the River Napeiste, Bents Fort. Judge Beubien and Pedro Joseph, both traders and men of importance, were in Santa Fé on a buying trip. If this had not happened there would probably have been other valuable lives lost and Taos would not have had the many good deeds these men later performed for their families and for our beautiful valley of Taos. Padre Martínez sent a courier or special messenger to Colonel Price notifying him of the situation.

Colonel Price, with his army, arrived in Taos, February 15 at 1:00 p. m., and took lodgings in the priest's home. Having done this he immediately marched against the Taos Indians who had surrounded their pueblo with walls to resist the enemy and as they said "To die or conquer." Price approached the pueblo and at a distance of one mile commenced the firing of his cannons to show the Indians with whom they had to deal. This did not intimidate the Indians. The Indian "Tomasito," with war clothes on and mounted on a swift horse, came from the fortification to about a thousand yards distance from the army making all kinds of mocking gestures and challenging his adversaries. He was fired at from both cannons and rifles but with no effect and he thus returned to his line full of confidence in his triumph.

The colonel retired with his army to the plaza of Taos for the night and at about six in the morning saluted the Indians with cannons he had at his disposal, getting so close to the fortification that the Indians immediately began to tremble. From then on he gave them no rest and in three days, after a desperate combat, the Indians surrendered willingly with no small loss of lives. Price

Jaramillo, Narciso Beubien*, (hijo de Juez Beubien) y un licenciado Americano que estaba con él. Estaban ausentes, Kit Carson y el Coronel St. Vrain, que á la sazon estaban en el rio de Napeiste, fuerte de los Bents. El Juez Beubien y Don Pedro Joseph, ambos comerciantes y hombres de importancia, estaban ausentes en Santa Fé comprando efectos. Si esto no hubiese sido asi tal vez otras vidas valuables hubieramos perdido y Taos habria carecido de tantas buenas obras que estos hombres hicieron despues para sus familias y para nuestro hermosa valle de Taos. El padre Martinez mandó un correo ó mensajero especial al Coronel Price noticiándole de la situación.

El Coronel Price, con su ejército, llegó á Taos el dia 15 de Febrero, á la 1 p. m., tomó cuartos en la casa del presbítero. Hecho esto, inmediatamente se marchó á probar sus armas con las de los Indios de Taos quienes habian amurallado su pueblo para resistir á su enemigo y como ellos decian, "para morir ó vencer." Price acercó al pueblo á una milla de distancia y de allí con los cañones rompió el fuego solamente para enseñar á los Indios con quien tenian que habérselas. Los Indios por esto no se intimidaron. El Indio, 'Tomasito', vestido de guerra y montado en un veloz caballo salió de su fortificación, llegó del ejercito á una distancia de cosa de mil yardas haciendo toda suerte de muecas y ademanes burlescos y desafiando á sus adversarios. Varios tiros le dispararon ambos de cañones y fusiles pero sin ningun efecto y asi se volvió á sus murallas lleno de confianza en triunfar.

El coronel con su ejército se retiró á la plaza de Taos

*Beaubien.

also suffered a considerable loss of soldiers. With this the war ended and the colonel proceeded with the execution of the rebellious men who had caused the shedding of blood.

The court martial sessions were held in Padre Martínez' home. There Pablo Montoya, chief of the revolt, was condemned to death. Following this, the district court presided over by Supreme Court Justice Houghton, was installed at that place. The rest of the instigators of the revolution were here tried and condemned to death.*

Colonel Don Diego Archuleta, who was second in command when General Armijo abandoned the territory in favor of the American government, was one of the instigators of the revolution and immediately following his discovery, fled to Mexico. There he joined Armijo who treated him to the public funds which he had taken and thus both led arrogant lives and without regret until they were pardoned by the American government. He then returned to his family in New Mexico and Mr. Archuleta entered anew into public life, and as a man of public life left tender memories in this territory; as a wise legislator and a good attorney which he was.

---

*Final trials were held in Santa Fé.

por aquella noche y al dia siguiente como á las seis de la mañana saludó á los Indios con los cañones que traía á su disposición, acercándose á las fortificaciones tanto que los Indios de una vez comenzaron á temblar. De allí en adelante no les dió tregua, y á los tres dias, despues de un desesperado combate, los Indios se rindieron á discreción no con poco pérdida de vidas. Tambien Price sufrió pérdida muy considerable en sus soldados. Con esto la guerra fué concluida y el coronel procedió al enjuiciamiento de los sediciosos que habian causado aquel derramamiento de sangre.

En la casa del Padre Martinez tuvó sus sesiones la corte marcial. Allí fué condenado á muerte Pablo Montoya, jefe de la sublevación. En seguida se instaló en aquel lugar la corte de distrito presidida por el Juez Superior Houghton. En ella fueron juzgados y condenados á muerte los demás caudillos de la revolución.*

El Coronel Don Diego Archuleta, quien era el segundo en jefe del General Armijo, cuando éste abandonó al territorio en favor del gobierno Americano, fué uno de los caudillos de esta revolución, y tan pronto como fué descubierto se fugó para México. Allá se junto con Armijo, quien le convidó de los fondos públicos que habia socapado, y de este modo ambos pasaron allá una vida ufana y sin refleja hasta que fueron perdonados por el gobierno Americano. Despues regresó á Nuevo México al seno de su familia, y de nuevo entró en la vida pública el Señor Archuleta, y como hombre público dejó tiernas memorias en este territorio; ya como un sabio legislador, ya como un buen abogado que lo era.

---

*Pruebas finales tomaron lugar en Santa Fé.

CHAPTER X.

The priest's election as a member of the Legislative Council which he presided over, etc.

In the years 1851, 1852 and 1853, by popular election the priest was a member of the Council of the Legislative Assembly in this territory. In the first American Legislative Assembly, that of 1851, by unanimous choice of the members that constituted the Council, he acted as its president.

As president of the Council his regulations were ideal; his personality was the inspiration of that body, and his executive ability showed forth in all important matters which were brought for his decision. He was a firm parliamentarian although amiable, zealous and even kind, and in everything and for everything conservative: He treated everybody equally, firmly knowledgeable of all levels of our government in deliberative bodies as in everything else: "Equal rights to all, special privileges to none."

As member of the Council he distinguished himself for his wisdom and liberal ideas. He was the author of the testamentary law as also of many others of public benefit.

CAPÍTTLO [sic] X.

Eleccion del Presbitero para Miembro del Consejo Legislativo que Presidio, Etc.

En los años de 1851, 1852 y 1853 por elección popular, el presbítero fué miembro del Consejo de la Asamblea Legislativa en este territorio. En la primera Asamblea Legislativa Americana, la de 1851, por escogimiento, únanime de los miembros que constituian el consejo, actuó presidente del mismo.

Como presidente del consejo sus reglamentos fueron ideales; su personalidad era la inspiración de aquel cuerpo, y su habilidad ejecutiva se traslucia en todas las materias de importancia que se presentaban para su decisión. Era un parlamentario firme aunque amable, celoso y aun bondadoso, y en todo y por todo conservativo: A todos trataba con igualdad, firme conocedor de la máxima y base de nuestro gobierno en cuerpos deliberativos como en todos los demás: "Derechos iguales á todos privilegios especiales á ninguno."

Como miembro del consejo se distinguió por su sabiduría é ideas liberales. El fué el autor de la ley testamentaría, como tambien lo fué de otras muchas de beneficio público.

CHAPTER XI.

Padre Martínez' old age, brief reference to his past; his death; brief eulogy.

The time having arrived in which the priest, because of his advanced age and his sickly condition, could not possibly continue his heavy tasks, he determined to stay quietly at home. There on his own property he had built at his own expense a large and beautiful chapel wherein he continued his high ministry, to which he had consecrated his life, the doctrine of the Savior, according to the teachings of the Catholic Church, with due respect, asking for no more recompense other than that which he always hoped for from the most high.

The priest, Don Antonio José Martínez, or better known as Padre Martínez, as the people called him, was a son of hacendado ancestors. He received from them a large inheritance, both in land and personal property. Besides he was an industrious and hard-working man. He had the best opportunities to accumulate a colossal fortune. But a firm believer in the Doctrine of Christ, he never had the ambition to "horde treasures in this world." Thus what his parents gave him he divided among his brothers, who had large families, always reserving what he gave to the servants, who were left by his parents. Moreover what he personally accumulated, which in itself was considerable, he employed in good deeds as has been said.

He served the spiritual administration which he had

CAPÍTULO XI.

La Edad Avanzada del Padre Martinez, Ligera Referencia a sus Antecedentes; su Muerte; Breve Elogio.

Habiendo llegado el tiempo en que el presbítero, por su edad avanzada y su constitución enfermisa, ya le fué imposible soportrar tareas pesadas, determinó quedarse quieto á la sombra de su propio hogar. Allí en sus propios terrenos, edificó á su propia costa una grande y hermosa capilla en la cual ejerció su alto ministerio, al cual habia consagrado su vida, la doctrina del Salvador, segun las enseñanzas de la Iglesia Católica, con debida decencia, sin perdir más recompenza que la que él siempre esperó del Altísimo.

El presbítero, Don Antonio José Martinez, ó mejor dicho el Padre Martinez, como el pueblo se complacia en llamarle, era hijo de padres hacendados. Recibió de ellos una grande herencia, ambos en propiedad raiz y personal. Ademas fué un hombre muy industrioso y laborioso. Tuvo las mejores oportunidades para haber acumulado una fortuna colosal. Pero él, firme creyente en la doctrina de Cristo, jamás tuvo ambición de "atesorar tesoros en la tierra." Asi lo que tocó de sus padres lo repartió entre sus hermanos, quienes se habian llenado de familia, reservando siempre lo que dió á los sirvientes ó criados que dejaron sus padres. Además lo que él personalmente acumuló, que de por si fué considerable, lo empleó en obras de beneficencia, como queda

professed for forty years, so without a doubt he was poor at the time of his death.* Nevertheless, he always lived in a decent manner fitting to his state; he died very satisfied and tranquil surrounded by his brothers and countless friends. On his death bed very exactly he repeated these words: "Thy will be done." Thus on the 27th day of July, 1867 A. D., the worldly deeds of the greatest philanthropist New Mexico has ever produced were ended. May he rest in peace, and may the earth be light, is the sincerest wish of every noble soul.

---

*According to his will he was not a poor man when he died.

dicho.

Sirvió la administración espiritual á que habia profesado por cuarenta años, sin embargo, al tiempo de su muerte, estaba pobre.* No obstante, siempre vivió en una manera decente, adecuada á su estado, murió muy conforme y tranquilo, rodeado de todos sus hermanos y de un sin número de amigos. En su lecho mortuorio muy á menudo repetia las palabras: "Hágase Señor tu voluntad." Y asi, el dia 27 del mes de Julio, A. D. 1867, las tareas sobre la tierra del más grande filantrópico que jamás ha producido Nuevo México quedaron concluidas. Que descanse en paz y que la tierra le sea leve es el síncero deso de toda alma noble.

---

*Según su testamento no fué un hombre pobre cuando murio.

EULOGY.

The man who by his virtues, love of country and interest in the well-being of his people, makes himself memorable in the heart of nations, his memory is eternal. His noble deeds are inscribed in indelible letters serving as an example to other generations. Look at Washington in a bloody war and conquering every diplomatic difficulty of his time for the sake of shaking off Albion sovereignty. Cast a glance at the life of the immortal Lincoln and it will be seen that this great man fought and died in defense of equal rights for one part of the human race which was being oppressed.

Padre Martínez, by means of his pen, took part on the side of Juárez in the reform of Mexico. In hard and dark times he began at his own expense a war against the most despicable and worst of dependencies: *Mental Slavery.* He was the most accomplished theologian of his time in this territory. In the pulpit he was so subtle that with the force of his logic, which was almost natural to him, he could always persuade, please, and convince whatever was desired by a most imaginative mind, correct and punctual in his studies, exemplary in his habits, always kind and amiable, his attitude was at all times one of inspiration to his students. He was also a politician and a man of state and as such on all occasions found subjects upon which he could act usefully for his constituents.

Thus, here is a son of New Mexico, who through the nobleness of his deeds and public spirit is placed at the side of the great men of this earth.

ELOGIO.

El hombre que por sus virtudes, amor á la patria, y su interés por el adelanto de los pueblos se hace memorable en el corazón de las naciones, su memoria es eterna. Sus nobles hechos quedan grabados con letras indelebles, sirviendo para el ejemplo de las generaciones venideras. Véase Washington en una guerra de sangre y venciendo todas las dificultades diplomáticas de su tiempo sólo por sacudir el yugo de la soberbia Albión. Echese una ojeada hácia la vida del inmortal Lincoln, y se verá que este grande hombre peleó y murió en defensa de los derechos iguales de una parte de la raza humana que estaba oprimida.

El Padre Martinez, por medio de la pluma, tomó parte al lado de Juarez en la reforma de México. En los tiempos más escasos y obscuros comenzó á su entera costa una guerra de exterminio contra la más ruin y peor de las dependencias: *La esclavitud mental.* Fué el más consumado teólogo de su tiempo en este territorio. En el púlpito fué tan sutil que con la fuerza de la lógica, que casi le era natural, siempre tuvo el don de persuadir, agradar y convencer todo lo que se podia desear por la mente más imaginativa, correcto y puntual en los estudios, ejemplar en sus hábitos, siempre bondadoso y amable, su ambiente era en todo tiempo la inspiración de sus discípulos. Fué tambien un político y hombre de estado, y como tal en todas ocasiones halló sujetos sobre que obrar con provecho para sus constituyentes.

He aqui un hijo de Nuevo México, quien por la nobleza de sus hechos y su espíritu público, esta colocado al lado de los hombres grandes de la tierra.

www.ingramcontent.com/pod-product-compliance
Lightning Source LLC
LaVergne TN
LVHW091206080426
835509LV00006B/859